BELLES ESTAMPES

ANCIENNES

COMPOSANT LA COLLECTION

De Feu M. PROSPER DUPRÉ

VENTE

Le Mercredi 11 Mars 1868, à 1 heure précise.

EXPOSITION PUBLIQUE

Le Mardi 10 Mars 1868, de 1 heure à 4 heures.

RENOU ET MAULDE

IMPRIMEURS DE LA COMPAGNIE DES COMMISSAIRES-PRISEURS

Rue de Rivoli, 144.

CATALOGUE

DE

BELLES ESTAMPES

ANCIENNES

COMPOSANT LA COLLECTION

De Feu M. Prosper DUPRÉ

DONT LA VENTE AUX ENCHÈRES PUBLIQUES AURA LIEU

HOTEL DES COMMISSAIRES-PRISEURS

RUE DROUOT, N° 5

SALLE N° 4, AU PREMIER ÉTAGE

Le Mercredi 11 Mars 1868

A UNE HEURE PRÉCISE

Me **DELBERGUE-CORMONT**, Commissaire-Priseur,
rue de Provence, 8,

Assisté de M. **GUICHARDOT**, ancien Marchand d'Estampes
et de Dessins.

EXPOSITION PUBLIQUE

Le Mardi 10 Mars 1868, de une heure à quatre heures.

PARIS — 1868

CONDITIONS DE LA VENTE

Elle sera faite au comptant.

Les Acquéreurs payeront CINQ POUR CENT en sus du prix des adjudications.

Le présent Catalogue, rédigé par M. GUICHARDOT, se distribue chez M. VIGNÈRES, Marchand d'Estampes, rue de la Monnaie, n° 13, à l'entresol; entrée rue Baillet, n° 1.

DÉSIGNATION

DES

ESTAMPES

BERGHEM (CLAAS *ou* NICOLAS).

1. La Vache qui s'abreuve (B. 1). Très-rare et fort belle épreuve, avec le nom du maître et le millésime 1680, gravés à l'eau-forte en grands caractères.

2. Le même sujet (B. 1). Belle épreuve tirée après que l'adresse de *Leon Schenk*, vers le bas de la droite du terrain, a été enlevée.

3. La Vache qui pisse (B. 2). Fort rare et très-belle épreuve avant toute lettre.

4. Le même sujet (B. 2). Superbe épreuve avec le nom du maître, mais avant toute adresse; elle a de grandes marges. Très-rare de cette beauté.

5. Les trois Vaches en repos (B. 3). Très-rare et superbe épreuve, avant les travaux à la pointe sèche sur les deux montagnes du fond, à gauche, et sur le nuage au-dessus du petit bouquet d'arbres légers, qui n'est que tracé; elle est aussi avant que la partie du terrain devant la vache couchée, la tête vue de face, n'ait été un peu effacée et éclairée au moyen du grattoir et du brunissoir.

6. Le même sujet (B. 3). Très-belle épreuve, avec les montagnes du fond et le nuage teintés à la pointe sèche ; mais avant le nom du maître.

7. Le Joueur de cornemuse (B. 4). Ce morceau, connu sous le nom du *Diamant de Berghem*, est un des plus beaux du maître. Très-belle épreuve.

8. Le Pâtre jouant du flageolet (B. 6). Rare et superbe épreuve tirée avant le n° 51, à la droite du bas de la marge inférieure.

9. *Les cinq sujets d'animaux en hauteur.* Suite de cinq estampes, savoir : le Berger assis sur la fontaine (B. 8) ; — le Troupeau traversant le ruisseau (B. 9) ; — le Troupeau en repos (B. 10) ; — Halte près d'un cabaret (B. 11) ; — le Ruisseau traversé (B. 12). Superbes épreuves. Le premier morceau est avant l'adresse de *Frederick de Widt* et le n° 1 ; le dernier, avec l'adresse de *P. Goos*.

10. *Sujets d'animaux, en largeur, et deux têtes de bouc.* Suite de six estampes, savoir : la Vache couchée près de celle qui est debout (B. 13) ; — les Chevaux (B. 14) ; — la Vache couchée près de la Vache qui pisse (B. 15) ; — l'Ane (B. 16) ; — Tête de Bouc, gravée à gros trait (B. 17) ; — Tête de Bouc, au front éclairé (B. 18). Très-rares et fort belles épreuves, avant la lettre et les numéros.

11. La Vache couchée près de celle qui est debout (B. 13). Belle épreuve avec la lettre et le numéro.

12. *Les Vaches à la laitière.* Suite de six estampes (B. 23 à 28). Très-belles épreuves.

13 Un Mouton couché, vu de profil et tourné vers la droite, près d'un autre Mouton qui est aussi couché

et dont la tête est vue de face (B. 30). Très-rare et belle épreuve d'eau-forte pure, avant divers travaux pour donner à la planche l'effet désiré.

14. Un Mouton debout, vu de profil et dirigé à droite, en avant duquel est un autre Mouton couché, la tête vue de face (B. 31). Rare et belle épreuve avant le numéro.

15. *Le cahier à la Femme en huit feuilles.* Suite de huit es= tampes, savoir : Bergère, vue de profil et assise vers la droite (B. 41) ; — Brebis couchée, vue de profil et tournée à gauche (B. 42); — Mouton, vu presque de face et debout, entre deux autres Moutons couchés (B. 43) ; — Brebis tondue, debout, vue de profil et dirigée vers la droite (B. 44) ; — Mouton debout, vu de profil et tourné vers la droite (B. 45); — Brebis qui pisse (B. 46); — trois Moutons, un debout, deux cou. chés (B. 47) ; — Pierre carrée, ornée d'un bas-relief représentant un sujet de bergerie (B. 48). Superbes épreuves, avant la lettre et les numéros. Très-rares de cette beauté.

16. *Le cahier à l'Homme en huit feuilles.* Suite de huit es= tampes, savoir : un Berger assis sur une large pierre carrée, et s'appuyant du bras gauche sur un sac (B. 49); — trois Chèvres, dont une est vue de dos et couchée au milieu du premier plan (B. 50); — un Bélier debout, dirigé vers la droite, près d'un Mou- ton couché (B. 51); — Bélier couché, tourné à gau- che, et Bouc debout, dirigé vers la droite (B. 52); — jeune Bouc vu par derrière et debout, près d'une Chèvre couchée et vue de face (B. 53); — un Bouc couché, une Chèvre debout, et un Chevreau qui broute (B. 54); — deux Chèvres, une couchée et vue de profil, l'autre debout et vue de face (B. 55); — trois

Chiens de chasse, deux couchés, un debout (B. 56).
Superbes épreuves, avant la lettre et les numéros.
Très-rares de cette beauté.

BERTAUX (Jean DUPLESSI-).

1, 17. Six pièces représentant différents métiers. Très-belles
épreuves, avant la lettre ; elles sont à toutes marges.

BOL (Ferdinand).

4f. 18. La Femme à la poire (B. 14), de Cl. 16. Très-belle
épreuve.

34 19. Portrait de Femme dans un ovale (B. 15), de Cl. 17.
Très-belle épreuve avec marge. Cabinet Graaf.

BOTH (Jean).

110. 20. *Les Paysages en hauteur.* Suite de quatre estampes,
savoir : la Femme montée sur le mulet (B. 1) ; — le
Chariot attelé de deux bœufs (B. 2) ; — le grand
Arbre (B. 3) ; — les deux Mulets (B. 4). Rares et superbes épreuves, avant que l'adresse de Matham
n'ait été effacée et remplacée par celle de P. Mariette, qui a été enlevée dans le dernier état.

135. 21. *Les Paysages en largeur.* Suite de six estampes,
savoir : le Pont de pierre (B. 5) ; — le Muletier (B. 6);
— le Trajet (B. 7) ; — les deux Vaches au bord de
l'eau (B. 8) ; — les Pêcheurs (B. 9) *manque* ; — le Pont
de bois (B. 10). Rares et très-belles épreuves, avant le
nom du maître.

CALLOT (Jacques).

11, 22. *Le Passage de la mer Rouge* (Meaume, 1). Rare et très-
belle épreuve du premier état, avant que la partie
supérieure du flot, au-dessus de Moïse, n'ait été
effacée.

23. *La Tentation de saint Antoine* (M. 139). Très-belle épreuve du troisième état, avec les fautes corrigées et la totalité des rosettes; mais avant l'accident ou trait de burin coupant à peu près perpendiculairement le nuage, entre l'aile et le bras droit du démon vomissant. Elle est coupée contre le trait carré, en haut et de chaque côté.

24. *Les grandes Misères de la guerre* (M. 564 à 581). Suite de dix-huit pièces des plus belles du maître. Belles épreuves du deuxième état, avec les numéros et les vers; mais avant que l'adresse d'*Israel* n'ait été effacée et remplacée par le nom du graveur.

25. *Le Jeu de boules, le Bal champêtre, la petite Foire ou la Foire de Gondreville* (M. 623). Tres-rare et superbe épreuve du premier état, avant le nom du maître, sur le terrain à gauche, au-dessus du trait carré.

26. *Les Supplices* (M. 665). Belle épreuve du deuxième état, avec la faute corrigée au mot *meschant*, qui était écrit *meschans*, dans le premier état; mais avant l'adresse d'*Israel Siluestre*.

27. *Vue du Pont-Neuf, de la Tour et de l'ancienne Porte de Nesle* (M. 714). Très-belle épreuve du deuxième état, avec le nom de *Callot;* mais avant que la marge du bas de la planche n'ait été coupée. Elle est doublée de papier.

28. *Fantaisies* (M. 868 à 881). Suite de quatorze pièces, compris le titre; chacune des treize pièces de cette suite contient trois figures; *le dernier morceau manque.* Très-belles épreuves du premier état, avant les numéros; elles ont des marges. Cabinet Camberlyn.

DE MARNE (Jean-Louis).

29. La Vache et le Cheval à l'abreuvoir. Jolie pièce en largeur. Très-belle épreuve, avant que les marges du cuivre n'aient été nettoyées et le trait carré régularisé.

DIETRICH ou DIETRICY (Chr.-Guill.-Ernest).

30. La Nativité ; à la gauche du fond, sur le mur, on lit : *Dietricy fe* 1756. Morceau piquant d'effet, dans le goût de Rembrandt. Très-rare et superbe épreuve du premier état, avant le numéro 60, sur le morceau de solive vers le milieu du haut de la composition, qui a été effacé dans le dernier état.

31. La Nativité. Riche composition en largeur, au bas de laquelle on lit : *Dietricy f. Ao 1740.* Rare et très-belle épreuve, avant le numéro 78, qui a été effacé dans le dernier état ; elle est aussi avant quelques travaux, ajoutés depuis au bas de la droite.

32. La Descente de Croix. Beau morceau de dix-neuf figures. Rare et très-belle épreuve du premier état, avant le numéro 81, qui a été effacé dans le dernier état ; elle a de grandes marges.

33. Le Satyre et le Passant. Composition de six figures, dans le goût de Jacques Jordaens. Rare et belle épreuve, avant le numéro 75, qui a été effacé dans le dernier état ; elle a de grandes marges.

34. Le Marchand de mort-aux-rats. Composition de onze figures, imitée de Jean Steen ; sur le ciel, à droite : *Dietrich f.* 1732. Pièce rare. Très-belle épreuve.

35. Le Charlatan entouré de gens de la campagne.
Riche composition dans le genre d'Adrien van
Ostade, cintrée du haut. Rare et fort belle épreuve,
avant le numéro 79, qui a été effacé dans le dernier
état ; elle a de grandes marges.

36. Pâtre appuyé sur une vache, près de deux Villa-
geoises qui gardent des moutons. Rare et fort belle
épreuve, avant le numéro 73, qui a été effacé dans
le dernier état.

37. Berger conduisant son troupeau vers une arcade
en pierre. Très-rare et belle épreuve, avant le numéro 71, qui a été effacé dans le dernier état ; elle
est aussi avant la seconde opération de l'eau-forte.

38. Le Troupeau en marche, près d'une statue de
Flore. Très-rare et fort belle épreuve du premier
état, avant la seconde opération de l'eau-forte ; la
branche de l'arbre, derrière la statue, n'a pas de
feuillage.

39. L'Hermitage ; à droite, un pont de bois sur lequel
passe un hermite ; au bas, vers la gauche : *Dietricy
1744*. Rare et fort belle épreuve, avant la seconde
opération de l'eau-forte ; la partie supérieure du
rocher, à droite, est entièrement blanche.

40. Les Muletiers, près d'une auberge adossée à des
ruines. Morceau en largeur, sans nom d'auteur.
Très-belle épreuve du premier état, avant le numéro
70, qui a été effacé dans le dernier état.

41. Vue du Temple de la Sibylle, et des cascades de
Tivoli. Rare et superbe épreuve, avant le numéro 62,
qui a été effacé dans le dernier état.

42. Paysage en hauteur dans le genre de Salvator Rosa. Au milieu du premier plan, deux hommes assis, l'un à terre, l'autre sur une roche. Très-belle épreuve du premier état, avant que la branche qui pend devant le rocher n'ait été supprimée pour faire place à l'inscription.

43. Feuille d'études d'animaux ; au coin droit supérieur : *Dietricy*. Rare et très-belle épreuve du premier état, avant le numéro 6, qui a été effacé dans le dernier état.

Autre feuille d'études d'animaux ; au milieu du haut : *Dietricy fecit 1742*. Rare et très-belle épreuve du premier état, avant le numéro 7, qui a été effacé dans le dernier état.

DU JARDIN (Karle).

44. Les deux Anes (B. 6). Très-rare et fort belle épreuve, avant le numéro 6.

45. Les deux Cochons (B. 15). Très-belle épreuve du second état, avec le numéro 15 ; mais coupée près du trait carré.

46. Les trois Cochons près de la haie (B. 16). Belle épreuve du second état, avec le numéro 16.

47. Le Champ de Bataille (B. 28). Très-rare et fort belle épreuve du premier état, avant le numéro 28.

48. Le Mulet aux clochettes (B. 29). Très-rare et superbe épreuve du premier état, avant le numéro 29.

DURER (Albert).

49. Sainte Geneviève (B. 63). Très-belle épreuve.

50. Les Offres d'amour (B. 93). Superbe épreuve.

51. Le petit Cheval (B. 96). Très-belle épreuve.

52. Le grand Cheval (B. 97). Superbe épreuve.

53. Le Cheval de la Mort (B. 98). Superbe épreuve.

DUSART ou DU SART (CORNEILLE).

54. Le Couple ivre (B. 7). Très-belle épreuve.

55. Le Violon assis (B. 15). Très-belle épreuve, avec de grandes marges.

56. La Fête de village (B. 16). Très-belle épreuve.

FLINCK (GOVAERT).

57. Le Tailleur de plumes. Jolie pièce en hauteur. Très-belle épreuve du premier état, avant que la planche n'ait été réduite.

FYT (JEAN).

58. Les deux Chiens courants, un est couché; à gauche, sur une pierre : 1° *Fyt* (B. 12). Très-belle épreuve avec les travaux éclaircis près des animaux, mais avant le trait carré.

KOBELL (JEAN).

59. Suite de quatre estampes en largeur, savoir : les deux Vaches; — la Vache qui boit; — la Vache et les deux Moutons; — le Cheval près du chariot. Très-belles épreuves.

KONINCK (SALOMON).

60. Buste de Vieillard, vu de profil, tourné à droite (B. 68), de Cl. 75. Très-belle épreuve. Cabinets Astley et Camberlyn.

ROOGEN (Léonard van der).

61. L'Homme de douleurs (B. 1). Très-belle épreuve.

62. Saint Sébastien (B. 2). Fort belle épreuve. Cabinet H. Weber.

LIVENS (Jean).

63. Une Tête orientale (B. 18), de Cl. 18. Très-belle épreuve.

OSTADE (Adrien van).

64. Le Fumeur; planche ovale (B. 5). Très-belle épreuve.

65. Le Fumeur riant (B. 6). Très-rare et superbe épreuve tirée avant le trait échappé sur le front du personnage, au-dessus du sourcil droit, et avant deux autres traits diagonaux légèrement gravés à la pointe sèche, sur le fond, à mi-hauteur de la gauche, lesquels ont fini par disparaître entièrement dans les derniers états. Cabinets Robert-Dumesnil et Wolterbeck.

66. Paysan sonnant du cor (B. 7). Très-belle épreuve tirée avant la cinquième taille sur le fond, au-dessous du bras droit du personnage. Cabinet Robert-Dumesnil.

NOTA. Il y a deux états postérieurs à celui-ci.

67. Le Vielleur (B. 8). Fort belle épreuve tirée avant des tailles ajoutées depuis au burin, sur la vielle et au-dessous du bras du personnage.

68. Le Fumeur à la fenêtre (B. 10). Fort belle épreuve tirée avant divers travaux ajoutés depuis au burin, principalement au bonnet et au front du personnage. Cabinet Verstolk de Soelen.

69. La Tendresse champêtre (B. 11). Superbe épreuve ti- *29*
rée avant divers travaux faits depuis en différentes
fois, premièrement le travail très-serré à la pointe
sèche, produisant l'effet de la manière noire, sur l'é-
paule droite du vieillard. Très-rare de cette beauté.

70. La Cruche vide (B. 15). Rare et fort belle épreuve ti- *10.*
rée avant le travail très-serré à la pointe sèche, produisant l'effet de la manière noire, dans les parties
ombrées; le bonnet de l'homme debout au fond, est
d'une teinte presque uniforme.

71 La Poupée demandée (B. 16). Superbe épreuve tirée *18*
avant les travaux ajoutés entre les tailles diagonales
au bord gauche supérieur. Cabinet Verstolk de Soelen.

72. L'École (B. 17). Très-belle épreuve d'eau-forte pure, *22.*
avant le travail très-serré à la pointe sèche, produisant l'effet de la manière noire, dans les parties ombrées; le bras gauche du magister se détache à peine
du fauteuil.

73. Le Coup de couteau (B. 18). Superbe épreuve tirée *21.*
avant les tailles diagonales sur la partie ombrée du
dos de l'homme qui cherche à retenir un des com-
battants, et avant quelques travaux ajoutés depuis à
la pointe sèche sur la voûte, notamment devant le
front du paysan qui est à droite. Rare de cette beauté.

74. Gueux au dos courbé (B. 20). Très-belle épreuve. *2,*

75. Gueux debout, les mains derrière le dos (B. 21). Très- *1.*
belle épreuve tirée avant les travaux ajoutés depuis
au burin, notamment au cou et derrière le pied droit
du personnage.

76. Les Pêcheurs (B. 26). Très-rare et fort belle épreuve *95.*
tirée avant que le trait carré n'ait été renforcé au bu-

rin, et avant le travail très-serré à la pointe sèche,
produisant l'effet de la manière noire, sur le premier
plan près de la souche.

NOTA. Il y a quatre états postérieurs à celui-ci.

77. Les trois Figures grotesques (B. 28). Rare et fort belle
épreuve tirée avant le travail très-serré à la pointe
sèche, produisant l'effet de la manière noire, dans les
parties ombrées.

NOTA. Il y a quatre états postérieurs à celui-ci.

78. Le Marchand de lunettes (B. 29). Fort belle épreuve,
avec les travaux produisant l'effet de la manière
noire; mais avant divers autres travaux exécutés depuis en différentes fois, notamment les contre-tailles
horizontales sur l'ouverture de la cabane à porcs.
Rare de cette beauté.

79. La Chanteuse (B. 30). Très-rare et belle épreuve tirée
avant divers travaux exécutés depuis en différentes
fois, premièrement le travail très-serré à la pointe
sèche, produisant l'effet de la manière noire, dans
les parties ombrées.

80. Le Père de famille (B. 33). Rare et fort belle épreuve
tirée avant que l'un des pieds de derrière de la chaise
n'ait été rentré au burin, dans la partie ombrée, au-
dessous du linge; elle est aussi avant la disparition
du très-léger travail à la pointe sèche, notamment
sur le lit.

81. L'Émouleur (B. 36). Fort belle épreuve tirée avec le
trait carré légèrement exprimé, et avant le travail
très-serré à la pointe sèche, produisant l'effet de la
manière noire, dans les parties ombrées, notamment
au-dessous du bras gauche du rémouleur.

82. Le Paysan payant son écot (B. 42). Très-rare et fort belle épreuve tirée avant divers travaux exécutés depuis en différentes fois, notamment des tailles diagonales sur le fond, entre l'homme assis et le manteau de la cheminée. Cabinet Verstolk de Soelen.

83. Le Charlatan (B. 43). Fort belle épreuve tirée avec le travail très-serré à la pointe sèche, produisant l'effet de la manière noire, dans les parties ombrées; mais avant divers autres travaux exécutés depuis en différentes fois. Rare de cette beauté.

NOTA. Il y a trois états postérieurs à celui-ci.

84. Le Violon et le petit Vielleur (B. 45). Fort belle épreuve tirée avant les travaux additionnels, notamment les tailles serrées gravées au burin sur l'ombre de la tour. Rare de cette beauté. Cabinet Verstolk de Soelen.

85 La Famille (B. 46). Rare et fort belle épreuve tirée avant divers travaux faits depuis en différentes fois, premièrement le travail très-serré à la pointe sèche, ayant l'aspect de la manière noire, dans les parties ombrées; elle est aussi avant l'accident survenu au bord supérieur du cuivre, un peu vers la droite, formant une petite échancrure qui produit une tache d'impression dans quelques épreuves de l'état suivant.

86. Le même sujet (B. 46). Fort belle épreuve tirée avec le travail très-serré à la pointe sèche, produisant l'effet de la manière noire; mais avant que les parties ombrées n'aient été rentrées au burin. Cabinet Verstolk de Soelen.

87. La Fête sous la treille (B. 47). Fort belle épreuve tirée avant grand nombre de travaux, notamment les

contre-tailles sur le pignon de la troisième maison, derrière la femme qui danse ; mais avec le trait carré renforcé au burin. Elle porte, au verso, la signature de *P. Mariette* et la date de *1670*.

NOTA. — L'état décrit ci-dessus est beaucoup plus rare que celui avant le trait carré renforcé.

88. La Fête sous le grand arbre (B. 48). Très-belle épreuve.

89. La Danse au cabaret (B. 49). Belle épreuve tirée avant que l'angle du haut, à droite, n'ait été terminé.

POTTER (PAUL).

90. *Différents Bœufs et Vaches.* Suite de huit estampes, savoir : le Taureau (B. 1) ; — la Vache debout près de celle qui est couchée (B. 2) ; — la Vache couchée près de la barrière de quatre planches (B. 3). — la Vache qui pâture (B. 4) *manque ;* — la Vache avec la corne crochue en devant (B. 5) ; — la Vache qui pisse (B. 6) ; — les deux Bœufs qui se battent (B. 7) ; — les deux Vaches vues par derrière (B. 8). Belles épreuves.

91. Les deux Vaches vues par derrière (B. 8). Très-rare et superbe épreuve du premier état, avant le n° 8.

92. La Mazette (B. 13). Très-belle épreuve.

REMBRANDT VAN RHYN (PAUL).

93. Rembrandt et sa Femme (B. 19), de Cl. 19, Ch. Bl. 203. Superbe épreuve du premier état, avant que les travaux dans l'ombre de dessous le chapeau, à droite, n'aient été repris au burin ; elle est aussi avant que le trait demi-circulaire sur le front de la femme, au-dessus de l'œil droit, n'ait été effacé. Très-rare de cette beauté.

94. Rembrandt appuyé (B. 21), de Cl. 21, Ch. Bl. 234.
C'est le plus beau de tous les portraits de Rembrandt
faits par lui-même. Très-belle épreuve.

95. Joseph racontant ses songes à sa famille (B. 37), de
Cl. 41, Ch. Bl. 9. Très-rare et superbe épreuve du
premier état, avant que le visage et le turban de
Siméon, l'un des frères de Joseph, n'aient été om-
brés; le rideau du lit, le battant de la porte et l'ha-
billement de Jacob sont aussi beaucoup moins tra-
vaillés.

96. Jacob pleurant la mort de son fils Joseph (B. 38), de
Cl. 42, Ch. Bl. 10. Superbe épreuve. Très-rare à ren-
contrer de cette beauté. Cabinets Van den Zande et
Maulaz.

97. Le Triomphe de Mardochée (B. 40), de Cl. 44, Ch.
Bl. 12. Superbe épreuve du premier état de la planche
non encore ébarbée, ayant beaucoup de manière noire,
et du plus bel effet. Très-rare de cette beauté. Cabinets
de Fries et Verstolk de Soelen.

98. L'Ange qui disparaît devant la famille de Tobie
(B. 43), de Cl. 47, Ch. Bl. 16. Superbe épreuve tirée
avant divers travaux faits depuis en différentes fois à
la planche, premièrement le travail très-léger et très-
serré à la pointe sèche, dans les parties ombrées, notamment au-dessus des deux figures debout, et sur
le derrière du manteau du père de Tobie, pour mieux
le détacher du fond. Rare de cette beauté.

99. La grande Résurrection de Lazare (B. 73), de Cl. 77,
Ch. Bl. 48. Très-rare et fort belle épreuve du
deuxième état (troisième selon de Claussin), avant
que l'homme, vers la droite, qui recule épouvanté,
et que le vieillard à grande barbe, qu'on voit près de

lui, n'aient la tête couverte, le premier d'un bonnet,
le second d'un turban; elle est aussi avant que les
deux petites figures, dans le fond, entre les deux
personnages ci-dessus mentionnés, n'aient été retou-
chées durement.

100. Le même sujet (B. 73), de Cl. 77, Ch. Bl. 48. Fort
belle épreuve du quatrième état (sixième de de
Claussin), avec l'homme épouvanté, la tête couverte
d'un bonnet, et avec le vieillard à grande barbe coiffé
d'un turban; mais avant que la planche n'ait été entièrement retouchée; on n'y voit pas les travaux
ajoutés dans le fond, jusqu'au visage de l'homme le
plus près du vieillard à turban.

101. La Descente de croix (B. 81), de Cl. 83, Ch. Bl. 56.
Très-belle épreuve.

102. Les Disciples d'Emmaüs (B. 87), de Cl. 91, Ch. Bl. 63.
Fort rare et très-belle épreuve du premier état : les
rayons qui entourent la tête du Christ, ainsi que le
chapeau du disciple qui est à droite, ont manqué à
l'opération de l'eau-forte.

103. Chasse aux lions (B. 115), de Cl. 117, Ch. Bl. 87.
Très-belle épreuve.

104. Chasse aux lions (B. 116), de Cl. 118, Ch. Bl. 88. Très-
belle épreuve.

105. Les Musiciens ambulants (B. 119), de Cl. 121, Ch.
Bl. 90. Très-belle épreuve du premier état, avant
divers travaux faits depuis à la pointe sèche, notamment les légères tailles sur le chapeau de la femme
et sur la poitrine du petit enfant.

106. Mendiants à la porte d'une maison (B. 176), de Cl. 173,
Ch. Bl. 146. Superbe épreuve du premier état, avant

divers travaux faits depuis en différentes fois à la planche, notamment les entre-tailles très-fines et très-serrées à la pointe sèche à mi-hauteur du volet inférieur de la porte d'entrée de la maison, au-dessous du vieillard qui fait l'aumône. Très-rare de cette beauté.

OBSERVATION. Les épreuves de ce morceau, annoncées, à tort, par A. Bartsch et par de Claussin, comme étant du premier état, avant le nom de Rembrandt et l'année 1648, ont été imprimées en évitant d'encrer ce nom et cette date, lesquels ont été gravés à l'eau-forte en même temps que le sujet.

107. Vieillard à grande barbe et bonnet fourré (B. 262), de Cl. 259. Ch. Bl. 270. Superbe épreuve.

108. Homme à barbe courte et bonnet fourré (B. 263), de Cl. 260, Ch. Bl. 267. Superbe épreuve du deuxième état, après que la main du personnage a été supprimée; mais avant que la planche n'ait été diminuée de quatre millimètres et demi sur la largeur.

109. Autre très-belle épreuve du même état que la précédente; mais à laquelle on a cherché à rétablir à la plume la main, avec de l'encre très-pâle.

110. Vieillard à barbe carrée (B. 265), de Cl. 262, Ch. Bl. 271. Rare et belle épreuve du premier état, avant que la bouche du personnage n'ait été mieux exprimée au moyen du burin.

111. Janus Silvius (B. 266), de Cl. 263, Ch. Bl. 186. Très-belle épreuve tirée avant divers travaux faits depuis à la planche, notamment les tailles diagonales sur toute la largeur de la paupière supérieure de l'œil droit du personnage, et avant les tailles perpendiculaires sur la partie éclairée de la joue qui est dans l'ombre.

112. Clément de Jonghe (B. 272), de Cl. 269, Ch. Bl. 180. Superbe épreuve du quatrième état, avant que les tailles sur le dossier du fauteuil, au-dessous de la traverse, n'aient été grattées.

Nota. Il y a deux états postérieurs à celui-ci.

113. Jean Lutma (B. 276), de Cl. 273, Ch. Bl. 182. Très-belle épreuve du deuxième état, avec la croisée, les noms de Lutma et de Rembrandt, et la date; mais avant les travaux ajoutés depuis à la planche, notamment la contre-taille diagonale sur les doigts de la main droite du personnage.

114. Vieillard à grande barbe (B. 290), de Cl. 287, Ch. Bl. 286. Très-belle épreuve.

115. Vieille femme assise (B. 343), de Cl. 333, Ch. Bl. 196. Fort belle épreuve, avant que la planche n'ait été diminuée après coup, et coupée en forme ovale.

116. Feuille avec six têtes, au milieu desquelles est le portrait de la femme de Rembrandt (B. 365), de Cl. 355, Ch. Bl. 249. Belle épreuve tirée sur papier à la folie.

117. Etude de trois têtes de femme (B. 367), de Cl. 357, Ch. Bl. 250. Très-belle épreuve du second état, avec les trois têtes.

ROOS (Jean-Henri).

118. *Différents Moutons et Chèvres.* Suite de neuf pièces gravées en 1671, savoir : le Titre (B. 1); — le Mouton et le Bélier (B. 2); — les deux Chèvres (B. 3); — le petit Berger (B. 4); — le Mouton et la Chèvre (B 5); — la Chèvre montrant le dos (B. 6); — les deux Moutons au pied de l'arbre (B. 7); — le Mouton dor-

mant (B. 8); — la Chèvre et la Haie (B. 9). Superbes
épreuves. Très-rares à rencontrer de cette beauté.
Cabinet de Arozarena.

119. *Différents Moutons et Chèvres.* Suite de huit morceaux
gravés en 1665, savoir : — le Berger caressant son
chien (B. 10); — les Moutons et l'arcade en ruines
(B. 11); — le Buste au bas de la pyramide (B. 12);
— le Bélier et les deux Moutons (B. 13); — la
Haie (B. 14); — le Muletier sous la porte (B. 15); —
la Chèvre à la sonnaille (B. 16); — la Chèvre et le
Bouc (B. 17). Très-rares et fort belles épreuves, avant
toute adresse et les numéros. Cabinet de Arozarena.

120. *Différents animaux.* Suite de treize estampes, y compris le titre, savoir : Une grande pierre carrée, brisée
en plusieurs endroits, sur laquelle est écrit en lettres
allemandes : *Den Woledlen Ehrenvesten Hoch vnd Vor-
geachten Herren, Hrn: Nicolao Ruland,* etc. etc. (B. 18);
— le Bœuf, la Chèvre et le Bélier (B. 19); — les
Moutons près de la haie (B. 20); — le petit Château
au sommet du roc escarpé (B. 21); — les Chèvres et
les Chevreaux (B. 22); — le Groupe de cinq Moutons
(B. 23); — les Muletiers (B. 24); — les Moutons près
de la colonne (B. 25); — le Taureau couché (B.
26); — les Moutons en repos (B. 27); — l'Ane et les
Moutons (B. 28); — l'Anesse et le Bouc (B. 29); —
les Moutons au pied de l'arbre (B. 30). Fort belles et
extrêmement rares épreuves du premier état, avant
les numéros et les lettres alphabétiques, et avant les
inscriptions aux morceaux 19 et 25.

121. La Bergère (B. 31). Pièce très-rare, et l'une des
meilleures du maître. Fort belle épreuve.

122. La Chèvre couchée (B. 35). Très-belle épreuve.

SCHMIDT (Georges-Frédéric).

123. Buste de Vieillard à barbe large et touffue, d'après G. Flinck (J. 131), de Cl. 25. Très-belle épreuve, avec de grandes marges.

STOOP (Dirk, Thierry ou Théodore).

124. *Différents chevaux.* Suite de douze estampes (B. 1 à 12). Fort belles épreuves avant les numéros; au premier morceau, l'adresse de *Clement de Iongh.*

VELDE (Adrien van der).

125. Six pièces de la *Suite de dix Estampes,* savoir : le Vacher et le Taureau (B. 1); — les trois Bœufs (B. 3); — les deux Vaches et le Mouton (B. 4); — les trois Vaches (B. 5); — le Bœuf dans l'eau (B. 6); — le Veau (B. 8). Epreuves tirées avant la retouche au burin, dans les parties ombrées; celle du premier morceau est avec l'adresse de *Iust. Danckers,* qui a été effacée dans le dernier état.

126. Le Bœuf pie et les trois Moutons (B. 12). Ce morceau, un des principaux du maître, est un véritable chef-d'œuvre. Très-belle épreuve.

127. Le Berger et la Bergère avec leur troupeau (B. 17). Rare et très-belle épreuve, avant qu'une place presque blanche d'environ 5 millimètres de diamètre, à deux millimètres du trait carré à droite, n'ait été couverte de tailles et de contre-tailles au burin; la marge du bas est coupée près du trait carré.

128. Suite de quatre Paysages avec figures et animaux, d'après N. Berghem, savoir : 1) Paysan monté sur un âne qu'il fait boire à une fontaine, où une Femme

lave du linge; — 2) Pâtre appuyé sur une vache, et parlant à une Paysanne assise à gauche; — 3) Une Villageoise et des animaux passant à gué une rivière, près d'un Paysan qui fait boire son cheval; — 4) Vieux Pâtre assis à la gauche d'une campagne, où sont quatre vaches, un âne et huit moutons. Très-belles épreuves avec l'adresse de *Clemendt de Ionghe*, au premier morceau. Cabinets Verstolk de Soelen et Thorel.

WOOLLETT (William) et BROWNE (John).

129. *The Jocund peasants*. (Les paysans joyeux), d'après C. Dusart. Très-rare et fort belle épreuve, avant la lettre et les armes, et avant divers travaux.

130. Sous ce numéro seront vendus les articles omis ou non catalogués.

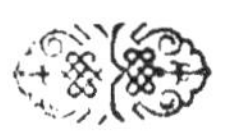

1

2

3.

Vente Prosper Dupré, 11 mars 1868

Dellergue — Guichardot   d'après l'ex Danlos

Lot	Prix	Acheteur
1	200	Danlos
2	32	Lorjelet
3	340	D
4	40	Guichardot
5	950	Prestel
6	100	D
7	260	Rapilly
8	125	Pr
9	190	D
10	390	Pr
11	3	Loi
12	150	D
13	10	
14	4	D
15	161	Clement
16	380	Cl
17	1	Loi
18	45	D
19	34	D
20	110	D
21	135	Rap
22	11	
23	14	D
24	34	Rap
25	280	Pr
26	56	Loi
27	850	Rochoux
28	31	D
29	3	
30	12	
31	5	
32	2	
33	5	
34	4.50	
35	9.50	Roch
36	4.50	Loi
37	5	Loi
38	8	
39	6	Igneres
40	5.50	Pr.
41	6	
42	4.50	
43	3	
44	95	Loi
45	3	
46	1.50	
47	82	Loi
48	82	Loi
49	100	D
50	110	Roch
51	35	D
52	70	D
53	830	Cl
54	7	Pr
55	13	
56	5.50	V
57	19.50	Pr
58	2	
59	5	
60	5	
61	6.50	Pr
62	8	D
63	2	
64	1.50	
65	31	Loi
66	9	Vi
67	5	
68	8	
69	29	Loi
70	10	Vi
71	18	Loi
72	22	Loi
73	21	
74	2	
75	1	
76	95	Pr
77	1.50	
78	14	Rap.
79	10	
80	13.50	
81	27	D
82	38	Pr
83	10	Vig
84	24	Malinet
85	25	Roch
86	8.50	Guich
87	71	Pr
88	3	
89	28	Guich
90	31	Greuter
91	29	Loi
92	20	D
93	100	Pr
94	50	Roch
95	221	Cl
96	92	D
97	195	Rap
98	75	
99	1850	Cl
100	20	D
101	145	D
102	122	Pr
103	24	D
104		
105	19	D
106	340	D
107	80	Pr
108	24	Roch
109	19	Loi
110	14	D
111	30	D
112	95	Guich
113	41	Roch
114	2.75	
115	195	Pr
116	13	D
117	41	Roch
118	295	D
119	185	D
120	300	D
121	75	Guich
122	5.50	Lorj
123	8.50	
124	100	D
125	8.50	Rap
126	17	Loi
127	102	D
128	16.50	Danlos pour Raff
129	10	D.
130	?	

I